数字经济时代——数字经
济形态与进程
├── 数字经济时代（概念）
├── 数字产业化、产业数字化、资产数字化
└── 中国数字产业化催生——产业数字化

中国产业数字化与 D12 模式
├── 数字投资银行与数字经济形态
├── 数字经济时代的"价值创造"模式
└── D12 模式的内在逻辑：产业链、供应链、价值链、数字智能、产业数字化、价值投资（创造）

从传统企业到上市企业
├── D1 价值发掘
├── D2 产业系统架构
├── D3 数字化转型
└── D4 公司上市

从企业数字化到产业数字化
├── D5 组织创新设计
├── D6 产业互联
├── D7 数字整合
├── D8 数字全球
└── D9 数字金融

从现代走向未来
├── D10 平台整合
├── D11 数字智能
└── D12 数值模型

D12 模式的意义
├── 普适性：全行业、全世界
├── 成长性：呈加速度成长
├── 超级性：从企业到生态
└── 创新变化：重构数字经济新业态

"数字春秋"三部曲
├── 基于数字智能的产业数字化价值创造模式
├── 上市公司数字化价值投资评价体系
└── 产业数字化引领的全域数字化

D12 中国产业数字化解决方案

从工业经济形态向数字经济形态的迭代

基于数字智能的产业数字化价值创造模式（D12 模式）

D12 模式解决方案的无限延伸

"数字春秋"三部曲之一

D12
中国产业数字化
解决方案（简读本）

王世渝　/ 著

中国出版集团 | 全国百佳图书
中国民主法制出版社 | 出版单位

目 录
CONTENTS

第一部分 数字经济时代——数字经济形态与进程

一、数字经济时代——数字经济的概念

1. 数字经济是继农业经济、工业经济之后的新经济形态

一种经济形态的形成是一个漫长的过程，不可能昨天是工业经济，今天就是数字经济。经济形态的进步和迭代是科技革命推动的，但并不是说每一次科技革命都会带来经济形态的变革和迭代。工业革命经历了四次，但是，从农业经济到工业经济也才经历了两种经济形态。农业经济是经历了上万年才形成完整的农业经济形态。工业经济形态从第一次工业革命、第二次工业革命到第三次工业革命不断进化、发展，并从第三次工业革命进入第四次工业革命，也已经经历了几百年历史。第四次工业革命，大家把它称为信息工业革命。如果全世界都把数字经济解读为新的经济形态，第四次工业革命就是工业经济时代最后的革命，再有什么革命性的形态就已经不是工业经济革命，而是数字经济形态下的革命了。

信息革命就是在整个经济活动中，信息经济要素在经济社会起到的作用越来越大，对经济的影响越来越深，在创造经济总量的过程中，它占的比重越来越大。它大到改变了原有经济形态的根本时，数字经济才能成为超越工业经济的新经济形态。

这样就不是只从数字技术到经济形态单向地理解和定义数字经济了。"数字技术与实体经济的深度融合"是双向融合，一方面是数字

技术颠覆、创新实体经济，出现以数字技术为主导的产品形态、企业形态、产业形态；另一方面是数字技术适应产品、企业、产业的需求，出现产品、企业、产业导向的产业数字化形态。

我们为数字经济总结一个较简单的定义：综合性、系统性、协同性数字技术生态与现有农业经济、工业经济深度融合所产生的新的经济形态。

2. 三种经济形态的区别与联系

农业经济、工业经济、数字经济三者之间根本区别和联系的几个标志是：生产力、生产资料、生产关系、生产方式、经济空间之间的区别和联系。

如果说农业经济主要解决了人类的生存和繁衍问题，工业经济解决了在有形物理空间人类的发展问题，那么数字经济将拓展人类新的生存空间。

3. 互联网形态的变革：从 Web1.0 到 Web3.0

从 Web1.0 到 Web3.0 是互联网的进化过程，也是综合性、系统性、协同性数字技术的进化过程。从互联网的角度可以理解为互联网技术与功能的迭代和进化，如果站在综合性、系统性、协同性数字技术与经济的融合角度来看，我们完全可以把数字技术理解为一种商业组织关系，Web3.0 是数字经济推动的商业组织变革之一。这个进化过程不仅代表数字经济时代的生产力、生产关系的变化，也代表数字经济时代生产方式的变化和商业组织形式的变化。第一代互联网 Web1.0 只是发生在特定行业的组织关系的变革。第二代互联网 Web2.0 带来了产品和服务的组织关系的变革。第三代互联网 Web3.0 则带来了更深层次的组织关系的变革。数字经济是基于物理世界对于数字空间的拓展所带来的消除工业经济时代困惑的新经济形态。

4. 中国数字经济的解决方案

我们错过了农业经济形态向工业经济形态的迭代，我们有机会通过工业经济向数字经济迭代的历史机遇实现中华民族伟大复兴。

中国在全球经济结构中，主要依靠实体经济的大体量、完整的体系和配套设施，形成了全球最大的制造能力，实体经济是中国经济崛起之本。

推进实体经济与数字技术的深度融合，让数字技术和数字产业化的能力深度融入实体经济中，数字技术才会拥有更加丰富的应用场景，实体经济才有机会在数字技术赋能之下获得发展。所有产业的数字化会给数字产业化创造极大的需求，创造数字产业化的生存空间，同样会推进中国数字科技的发展，使中国成为全球数字技术最先进的国家。

二、数字产业化、产业数字化、资产数字化

1. 现在决定未来——从比特币到元宇宙

数字资本主义的生产方式颠覆了传统经济时代的生产方式。数字资本主义主要通过算法生产出数字货币，然后创建达成共识的分布式社群，在加密技术的支持下，创建共识价值观，创建数字资产，在去中心化的共识机制下把生产和生活约定在这一加密互联网组织中。比特币形成比特币的数字资本主义生态，以太坊创建以太坊的数字资本主义生态。传统的以资本为中心的机制被抛弃了，以公司组织模式为载体的组织系统被抛弃了，产业链、供应链、价值链被区块链重构了。如果按照数字货币的定价规则，再把元宇宙这样一个数字世界的创意结合起来，传统资本主义的定价规则

将会被数字资本主义的定价规则彻底颠覆。

2. 数字资产定价全球

如果创建了元宇宙和巨大的数字世界，然后再创建巨大的数字资产，生成巨大的数字货币市值，当数字世界和现实世界互联互通的时候，现实世界主要依托商品和现实资产作为定价体系的货币必然受到数字货币的影响。数字资产定价的数字货币可以在世界任何地方和任何法定主权货币产生连接、交换和对价。

3. 虚拟世界挤压现实世界

生产经营活动的商业行为以及生活方式中的商业行为场景也会越来越多地进入数字资产的交易空间。数字经济时代才刚刚开始，未来还会出现各种各样的技术、机制、模式、组织，都很正常。

4. 虚拟世界定价现实世界

数字孪生使用数字语言构建一个仿生的、来自真实世界的数字世界或者数字物体，而元宇宙却不受现实世界的约束，可以凭空想象出虚拟数字世界，然后用数字技术通过虚拟现实技术、增强现实技术和混合现实技术创建出来。

数字孪生就是运用数字技术把现实中的物体完全或不完全地投射出数字物体来，这个数字物体是这个现实物体的精准反射，是这个物体的数字化表达。

现实世界与数字世界相互连接、相互关联的数字经济形态在全球范围刚刚开始。

数字经济的主要优势一方面是强大的硬科技，另一方面就是资产数字化。

三、产业数字化——中国数字经济之路

1. 大基建、大数据、大投入——数字产业化

数字产业化过去主要做了三件事：第一，数字技术科研；第二，数字技术基础设施投资；第三，数字技术产品、服务市场化和产业化。

数字基础设施建设是数字产业化的基础，没有数字基础设施的巨大投入，就不可能创造强大的数字产业化能力。

2.5G 是基础和开端

5G 既是数字技术科研的成果，又是数字产业化的基础设施，没有5G 基础设施，数字产业化缺乏技术基础载体，数字产业化水平就很难提升。数字产业化也为产业数字化、资产数字化打下了坚实的基础，没有数字产业化，产业数字化只能停留在终端产品和产业服务的相关领域。

3. 数字产业化

数字产业化不是一个产品，不是一种技术，而是非常复杂的综合性、系统性、协同性技术体系和生态。仅仅靠数字产业化，永远不可能构成数字经济形态。

4. 产业数字化

产业数字化是企业产品和企业要素与产业要素在数字化过程中深度融合各种数字技术和数字技术生态、组织，重新定义产品、改变企业要素、提高产业效率、降低产业成本、重构产业组织、重塑产业关系、

重建产业空间、创造产业新价值的方式和进程。数字产业化是数字科技的发明和发展创新驱动的，同样也是因为经济的需要、产业数字化的需求而产生的。

5. 资产数字化

资产数字化的定义是所有可以通过数字化方式进行标注、表达、确权、交易、对价的资产都可以成为数字资产。这些资产被数字化的过程称为资产数字化。资产数字化包括有形资产数字化、无形资产数字化、数字资产权益化。资产数字化是未来数字金融的基础。

6. 数字产业化、产业数字化、资产数字化的关系

数字技术所推进的数字产业化是产业数字化和资产数字化的前提。产业数字化是数字产业化的产物。数字产业化、产业数字化必然创造资产数字化。

充分协调好数字产业化、产业数字化、资产数字化，让三者协同发展、相互促进，就会促进数字经济的健康发展，让传统的经济形态完全实现数字化、智能化、全球化发展，从而真正创造出数字经济的经济形态，彻底超越我们对农业经济、工业经济的局限性认知和想象。

第二部分　中国产业数字化与D12模式

1."数字投资银行"与数字经济形态

产业数字化需要将传统投资银行的经验和高水平系统数字技术架构能力结合起来，这两者的深度结合可以创造一个新的专业领域和新的工具型平台，这种创新称为"数字投资银行"。

通信技术经过了1G、2G、3G、4G再到5G，计算机技术经过了大型机、小型机、桌面电脑、笔记本电脑、手机，互联网经过Web1.0、Web2.0、Web3.0与移动通信融合，再通过人工智能与数字智能技术创造出物联网、产业互联网、区块链、NFT、元宇宙这样一些技术形态商业组织和技术场景，形成综合性、系统性、协同性数字技术生态与农业经济、工业经济时代机械化、自动化、信息化的链接融合、交互，通过产品、企业、产业要素，在生产、流通、分配、消费环节上，展现了一种全新的经济形态，这种经济形态就是数字经济。

2.数字经济时代的"价值创造"模式

我分析总结了过去在资本市场从业30多年了解到的各个行业的发展状况，加上我在运作全球并购项目时对全球企业、科技、产业的理解，以及对数字经济的研究成果，我将传统企业、产业的运行规律以及传统的"价值投资"模式与数字技术融合、数字技术的发展趋势和规律结合起来，设计出了一套综合性、系统性、全面性、创新性的解决方案。

这个模式被我命名为"基于数字智能的产业数字化价值创造模式"。

为了简化对这套解决方案的理解，我将其简称为"D12模式"。"D"就是数字经济（Digital Economy）的首字母，"12"代表这套解决方案共分为12个模块，这12个模块代表了企业在产业数字化时代创建、发展的12个步骤。

这套方案利用10年至15年时间，将传统企业和产业发展方式与数字技术深度融合，运用到各个行业中，通过12个模块循序渐进地应用，既可以帮助大中小型企业找到在数字经济时代生存、运行、发展的模式，又可以为投资人提供传统价值投资所不具备的价值投资机会。

3.D12模式的内在逻辑：产业链、供应链、价值链、数字智能、产业数字化、价值投资（创造）

一个公司想要运营，就需要购入原料，通过生产加工，生产销售产品，因此就出现了上、中、下游产业，如原材料行业就是上游产业，生产制造业就是中游产业，销售服务业就是产业链下游。将这些上、中、下游产业要素形成的物流、信息流、资金流链接起来，就是"供应链"。产业链、供应链上的各个企业、各个节点交互运行过程中，会产生收入、支出、成本和利润，这就是"价值链"。

产业链、供应链、价值链在相互对接的均衡发展过程中，就形成了广义上的产业体系，也称为产业系统。

产业数字化是泛指所有产业领域的数字化进程，讨论和研究所有产业领域的数字化程度和解决方案，包括所有产业的产业链、供应链、价值链与数字化的关系。

价值投资是指工业经济时代由本杰明·格雷厄姆最早创立，由巴菲特、芒格等伟大投资家发展应用的证券市场投资理论和方法。基本思路就是用实业投资思维在股票市场投资。数字化价值投资里的"价值"不仅区别于"资本价值"，同时还包含数字化、智能化时代需要从多维度定义的"价值",包括"数据"价值的形成、权属、安全、分配、伦理,包括数字化自身的"ESG"特性和"双碳(碳达峰和碳中和)"标准。"价值投资(创造)"是指在遵循传统价值投资的思想逻辑上,产生数字经济时代的价值投资方法。

第三部分　从传统企业到上市企业 D1—D4

一、D1——价值发掘

产业数字化价值发掘就是把产品全生命周期的数字化价值、企业全要素数字化价值与产业链、供应链相结合的产业数字化价值创造。

1. 价值发掘新逻辑

就是在产业数字化的进程中发掘产品价值、企业价值、产业价值、行业价值或者这些价值在数字经济时代的地域和空间关系，这些关系的总和构成"产业数字化价值属性"。

工业经济时代和数字经济时代的产品价值差、企业价值差、产业价值差可以体现出产品、企业、产业在数字经济时代的价值大于在工业经济时代价值的基本逻辑。

2. 发掘产品价值

数字化产品本身价值、重构数字化产品价值。

3. 发掘企业价值

数字时代的企业价值发掘、数字产业化企业价值发掘、数字原生企业价值发掘、传统企业数字化价值发掘。

4. 发掘产业价值

产业价值大小不同、高集中度产业生态数字化价值重构、中小企业的产业数字化价值发掘、政府角色。

二、D2——产业系统架构

1. 产业系统架构

是根据企业和产业数字化需求，根据企业要素和产业链、供应链、价值链进行系统规划设计，建构数字化、智能化运营模型，创建企业和产业系统节点的链接运营系统。产业系统架构是我们独创的一个概念，是对互联网进入产业互联网的一个转型、升级设计。

企业架构的逻辑包括：企业产品要素、企业全要素、产业全要素规划设计的内容；产业系统节点包括的内容；产业链、供应链、价值链战略内容；系统性规划、设计、融合类型。

2. 产业数字化系统架构和实施

企业数字化转型解决方案（包含九点要素）；产业数字化系统架构（包含两方面、八点要素）；产业数字化战略报告（包含四点要素）；新职业：产业系统架构师以及专业的外部咨询师；为什么要设计这个架构（是 Web3.0 时代的核心竞争力、产业系统架构的价值）。

3. 不同企业怎么结合自身情况设计产业系统架构

我们在用 D12 模式对中国上市公司进行数字化价值投资评价的时候发现，几乎所有上市公司都没有进行高水平的产业系统架构规划设计，主要都是在企业数字化转型这个层面按部就班地展开数字化工作，只有极少数企业展开全面产业数字化的渗透。

任何企业在实施数字化转型的时候，都必须先完成产业数字化系统架构，再推进数字化转型的步骤和进程。

三、D3——数字化转型

数字化转型包括宏观层面和微观层面，宏观层面是指数字技术与实体经济的深度融合，是企业数字化、产业数字化的过程和数字化转型。微观层面的企业数字化就是指企业所有要素的数字化。

1. 企业的数字化转型：传统企业再造

企业都随着工业化进程在不断转型、不断升级。企业早期经历了从手工业化到机械化、自动化、信息化的过程，现在要从过去的机械化、自动化、信息化阶段进入数字化阶段，通过数字化来改变传统的生产经营方式，这个过程就是数字化转型。

2. 企业数字化转型的三个层次

内部管理运营的数字化（技术层面的数字化、管理模式的转型、业务模式的转型、组织模式的转型）；外部企业要素的数字化；行业平台生态数字化。

3. 数字化转型进程和方案设计

包含以下四方面：数字化和数字化转型的事前评估；对企业信息化、数字化方案进行讨论；企业数字化和数字化转型实施；企业数字化和数字化转型结果测评。

四、D4——公司上市

1. 为什么 D12 模式要辅助公司上市

　　企业上市是将产业数字化运营和资本市场结合的重要手段；把数据的要素优势与资本的要素优势结合起来，获得更大的价值；让数据作为资本参与分配，也有利于让数字专业工作者获得更大的利益；为产业数字化的后续节点打下基础；提高整合速度、降低整合难度、提高整合质量。

2. 重新定义数字化后的企业

　　这就要求从企业的每一个节点以及商业模式、盈利模式等多个角度描述其在数字化前和数字化后的变化；描述数字化之后的所有比较数据；描述数字化之后的发展战略；描述数字化之后的财务数据；披露企业数字化之后的知识产权；描述数字化之后在企业经营、原材料、生产管理、技术品质、市场营销、企业品牌、财务数据等多方面带来的新定义（包含上述六点要素）。

3. 设计数字化企业上市方案

　　企业形态主要有两种：单一企业主体；集团内部资产重组（包含六点要素）。

4. 上市进程中的数字化优势描述

　　包含九点要素。

5. 借壳上市公司的数字化要点

包含四点要素。

6. 数字化转型后企业上市申请变化

包含五点要素。

7. 数字化企业选择上市市场

上市市场包括中国市场和美国市场等；上市路径包括直接申请首次公开发行，并购上市和借壳上市，也包括通过 SPAC 方式上市。

第四部分　从企业数字化到产业数字化 D5—D9

这里所指的"产业数字化"不是泛指产业领域的数字化，而是指数字经济时代产业的数字化运行方式。

一、D5——组织创新设计

1. 新经济形态的组织创新：产业互联网公司

产业互联网是由数字技术与产业要素之间整合并与其他商业组织合作而创建的数字经济时代的商业组织。

2. 产业互联网子公司的架构思路

创办基金平台、组建数字技术团队、创办产业互联网公司具体需要考虑的问题（包含十三点要素）。

3. 产业互联网公司运营特点

产业互联网公司通过分散股权结构、数字技术团队管理人持股来实现运营的自主性、独立性。产业互联网公司是一个特殊的创新载体，这里把产业互联网更多地解读为组织创新，这是我的个人观点。除了从数字技术角度去理解之外，产业互联网公司也是由数字技术建构的商业组织，它不能取代公司，可以和公司协同和叠加。

4. 机遇与挑战并存，创新发展是重点

工业互联网也面临应用端扩展慢，行业发展受制约，落地应用场景有待完善，复合型人才、跨专业人才缺失，行业信息化、智能化水平参差不齐等众多挑战。

不同行业、不同规模的企业，以及企业所处的阶段不同，组织创新都是不一样的，都需要量身定制。

二、D6——产业互联

1. 什么是产业互联网

产业互联网是在现有企业和产业的基础上，以互联网为载体，基于人工智能技术，综合运用云计算、大数据、物联网、区块链等数字技术手段，实现企业数字化、产业平台化、跨界跨网的产业数字化生态。

2. 为什么要建立产业互联

产业互联是数字技术发展到万物互联阶段的一个必然结果。

已经实现数字化转型的上市公司可以在数字化转型的基础上创建产业互联网，没有实现数字化转型的上市公司可以分步实施数字化转型与创建产业互联（包含七点要素）。

3. 什么公司适合建立产业互联网

原则上每个公司都可以创建产业互联平台，就看公司的能力和具备的条件（包含四点要素）。

4.建立产业互联网需要什么条件

创建产业互联最基本的条件是企业对产业数字化有全面、深刻的理解，制定了完整的产业数字化战略，企业的实际控制人高度重视该项目，所以该项目被称为"一把手工程"（包含六点要素）。

5.创建何种产业互联网：三种类型

产业链纵向产业互联网；平台型产业互联网；产业集群产业互联网（包含若干类方法和创造条件）。

6.如何创建产业互联网

提出产业互联网创建方案、实施方案、预计可以达到的效果，通过十五点设计要素达成阶段性效果。

7.创建产业互联网的注意事项

通过六点基本设计要素实现。产业数字化进程中，产业互联网的创建是一个循序渐进的过程，每一个行业和每一个企业在创建产业互联网的时候，都不可能一蹴而就，而是要以巨大投入创建一个高水平、大容量的产业互联网平台。

不是所有的企业都要去创建一个产业互联网平台。不具备创建产业互联网平台条件的企业，可以通过与产业互联网平台创建公司进行战略合作，从而成为产业互联网的重要节点。

三、D7——数字整合

"数字整合"是"产业数字化整合"的简称，完成前面几个阶段，尤其是 D6 之后，就有机会进阶 D7。数字整合是数字经济时代传统产业整合模式与数字化整合模式相结合的模式，是双重价值叠加的创新运营方式。这个定义涉及两个概念的整合，一个概念是产业整合，另一个概念是产业的数字化整合。

1. 传统整合与数字化整合

根据企业的价值，制定资本经营战略。从战略投资和企业经营的角度讲，这叫产业整合，企业不仅要站在企业的角度，还要站在资本的角度，把企业经营和资本经营这两者结合起来，研究产业的经营战略。产业整合是传统产业或者工业经济形态下，企业发展的最高阶段。

数字化整合是通过产业互联网的方式，用数字技术对产业链、供应链上中下游的产品、技术、品牌、工艺、原材料、市场渠道、供应商等要素进行整合，形成数字生态共生共创、价值共享、智慧共享的局面，重构数字化交易、合作、协同的方式，从而达到提升产业效率、降低产业成本、重构产业生态、重构产业价值的目的，是把传统的产业整合和数字化进行结合的高水平操作方法。

传统的战略投资、并购重组、资本运营是把分散的中小型企业，通过并购重组实现行业集中、行业整合，从而形成大型企业，方法就是上市公司用资本去并购。数字技术能解决的就是在并购的基础上，用数字技术去链接。数字经济、数字技术可以改变传统的并购整合方法，进一步挖掘产业价值，充分实现传统产业整合与数字化整合的融合。（数字化整合相较传统做法具有十点优势）

2. 数字化整合思路和方法

包含十一点要素。

四、D8——数字全球

1. 什么是数字全球

数字全球是"数字经济时代 D12 模式全球化创新"的简称。

2. 中国企业全球化现状

中国企业在全球产业转移中逐渐强大起来,开始了中国企业全球化的历程。到 2014 年,中国已经从产品全球化、产业全球化走到了资本全球化的阶段。中国对外投资第一次超过吸收外资。

3. 中国企业正在凝聚产业数字化走向全球的条件

数字经济的全球化将会给中国产业数字化带来更加巨大的空间,中国产业互联网全球化自身也具备了技术和市场方面的条件(包含八点要素)。

4. 产业数字全球化之路

产业数字化走向全球是产业互联与产业融合的进一步裂变。产业数字全球化,从产业互联网的全球化这一基础开始构建(需要具备和创造的条件有两方面、九点要素)。

5. 不同行业数字全球化的模式思路

举例说明了三种产业的模式特性。任何一个行业的产业数字化平台创建出来,都绕不开产业数字化,同时又会有巨大的机会,在工业化时代没有完成的现代化使命有可能在产业数字化时代完成。

6. 产业数字全球化与资本驱动全球化的比较

从七个方面进行了比较说明。

7. 产业数字全球化的意义

从六个方面介绍了产业数字全球化的意义。

8. 政府可以做什么

通过培育，政府完全可以实现从工业经济向数字经济的全面转型，让分布在全球的产业资源通过数字化形成新的整合模式，让企业的产业数字化要素和节点分布到所有物理空间和数字空间。这样的建议适合中国地方各级人民政府，结合每个地方的传统产业资源，可以实现数字化提升。

五、D9——数字金融

数字金融是数字经济形态下金融的运行方式，包括现在所有的金融机构、金融产品、货币发行、支付结算、存款贷款、证券投资、信托、保险这些领域产品数字化、企业数字化、产业数字化的形态，货币、资本的数字化表现形式以及资产数字化、数字资产化的运行方式。数字经济作为一种独立的经济形态，也就必然催生数字金融。数字金融和数字技术融合有两个概念：一个是金融科技；另一个是科技金融。

1. 产业数字化时代的金融体系变革

从两个方面、三点要素论述了金融体系的变革。

2. 数字时代的新价值形态：资产数字化

资产数字化有三种：第一是有形资产数字化；第二是无形资产数字化；第三是数字资产价值化。

3. 数字金融变革的四个阶段及其特点预测

产业数字化时代大约会经历四个阶段：企业数字化和数字化转型阶段（2021—2023）；产业互联网创建阶段（2024—2026）；高水平产业互联网以及平台型产业互联网阶段（2026—2030）；产业互联网全球化和产业互联网全球整合阶段（2030—2035）。到2035年左右，世界100强企业中大约80%为产业数字化平台企业。（从四个阶段分析了数字金融和产业数字化业务的不同关系）

4. 数字金融对企业数字化的影响

产业数字化金融反应迅速、交易频率更高。数字化时代，企业数据和金融机构的数据打通，数据每时每刻的变化金融机构都知道，所以说，产业数字化必然带来金融数字化的变革。（从四个方面进行了分析）

第五部分　从现代走向未来　D10—D12

数字技术的快速发展对传统经济的重构是不以我们的意志为转移的。从 D1 到 D9，从传统产业到数字化的进程，是实体经济与数字技术融合的过渡。10 年之后，数字技术进入 6G 时代，数字经济将会摆脱传统工业经济的羁绊，完成从传统工业经济向数字经济体系的转换和全球化秩序的创建。那时，数字经济的知识体系和理论体系也基本创建完成，数字经济也将会在以 6G 为基础的数字技术和其他新技术基础上创造出更加丰富的产业应用空间。尤其是数字智能所赋能的物理、数学、化学、生物方面的基础研究会创造出更多的应用技术，医疗、医药、健康科学、生命科学、新能源、空间科学等都会在未来 10 年时间内发生巨大的突破。所以，在进入 2030 年之后，D9 到 D12 将会被大量应用。在这样的产业数字化背景下，从 D10 到 D12 就是另一种操作模式。

一、D10——平台整合

平台整合是指各种产业数字化平台和产业数字化组织、现有平台型互联网相互之间链接、赋能、融合、互为生态，在各自独立发展的基础上实现平台资源共享、价值互联的生态关系。

1. 平台整合的两种类型

平台整合这个概念今天还是空白，因为平台整合的基础几乎还没有出现。随着产业数字化的发展，上市公司、上市公司投资创建的产业互联网、区块链互联网相互之间的深度融合会形成非常庞大、复杂的产业数字化组织。在产业数字化组织体系内，上市公司作为一个经营主体将会创建产业互联网，在产业互联网平台上进行交易的不仅有产品、服务，还会有数字资产、金融资产和产业要素，参与交易的节点有个人、工作室、小企业、大企业，产业互联网和产业互联网之间也会通过数字化、智能化链接形成数据共享、价值共享机制。这就需要平台整合。

在公司上市、产业互联网创建成功且运营顺利之后，就会出现多种复杂的商业组织叠加和融合模式，主要是综合性产业互联网、平台型多元化产业互联网。

2. 平台整合的八种形式

到达这个阶段基本是 2030 年至 2035 年。预计到 2030 年，6G 互联网会投入运营，数字基础设施将会在几个方面发生很大变化。

3. 平台整合的主要技术与应用

6G 时代，人类社会将进入智能化时代，从移动互联到万物互联再到万物智联。6G 将实现从服务于人与物，到支撑智能体高效链接，满足生产生活的更高需求。（从五个方面进行了详细介绍）

4. 产业数字化中的区块链

区块链是利用加密数字技术作为底层技术逻辑，按照设计者要求而设计的分布式技术或者技术组织。从产业数字化的角度解读区块链和普遍解读区块链有很大区别。

所以单纯从区块链的角度，很多人找不到应用场景，不知道从哪里落地。传统公司组织整合产业的方法，加上产业数字化的产业互联网之后，必然带来巨大的区块链需求，也给区块链带来了巨大的应用场景。

产业数字化不仅给资产数字化带来机会，给 NFT 带来机会，给 Web3.0 的互联网带来机会，同样也让元宇宙找到可以真实落地的场景。

如果把这套体系彻底构建完成，到 D10，至少应该是 8—10 年之后。谁构建了这套体系，谁就基本上完成了从一个企业到一个产业的转化；完成了从实体经济的产品数字化、企业数字化，到产业数字资产数字化，再到数字孪生、元宇宙的转化，这样未来就会形成元宇宙形态下的资产价值。它既包括实体资产价值、货币资产价值，也包括数字货币资产价值。有了这个价值，再加上全球化，就可以彻底构建未来数字经济时代的产业形态，也就是从产业形态、产业金融形态彻底发展为数字经济形态。

二、D11——数字智能

1. 数字智能：算力、算法

我们在 D12 模式里使用数字智能的概念而没有使用人工智能的概念。数字智能和人工智能英文缩写都是用 AI，但是随着数字技术的发展，数字智能已经成为有别于人工智能的一个概念。人工智能主要是指研究、开发用于模拟和扩展人的智能的理论、方法、技术及应用系统的一门新的技术科学。主要是生物人各方面能力的智能延伸。而数字智能是利用强大的数字技术基础设施和互联网形成数字化载体感知，链接丰富的场景，产生海量数据，再用强大的算力和算法实现数字和模拟的各种转换，从而创造各种远远超越生物人能力的方法和应用。

数字智能的基本构成为算法、算力和数据。

D12 模式不是指到了 D11 才开始应用数字智能，而是从产业数字化价值发掘的时候开始，就要考虑数字智能在产业数字化中的应用。(从两个方面、六点要素论述数字智能)

2. 企业布局数字智能的三个阶段

第一阶段：企业自动化、信息化过程中的数字智能应用；第二阶段：企业数字化和数字化转型；第三阶段：产业互联网阶段。

三、D12——数值模型

1. 数值模型

数值模型是对数字经济时代上市公司市值进行评价、分析的一种用于创建模型的数字化、智能化工具，可以为数字经济时代上市公司市值管理、数字化价值投资提供参考。

这是数字经济时代产业数字化上市公司将出现的一种全新的市值管理和评价模型。

2. 基金管理公司的数值管理

D12 模式是数字经济时代产业数字化的创造模式，拥有产业数字化综合能力才能整体运行 D12 模式。因为 D12 模式不是工业经济时代的战略管理、战略咨询或者企业软件系统解决方案，所以打造 D12 模式也需要创建一种 D12 模式生态。

上市公司完成数字化转型和产业互联网构建之后，通过 D12 模式生态建立"上市公司＋基金"，基金的主要功能就是帮助上市公司的产业互联网在全球范围寻求全球资源的泛在链接机会，增强上市公司产业互联网的整合能力和核心竞争力。

3.D12 模式与价值投资

从 D12 模式带来的投资机会和上市公司数字化价值投资评价体系两个方面，专门介绍了 D12 模式与价值投资。

第六部分　D12 模式的意义与作用

1.D12 模式的意义

D12 模式是传统企业和产业数字化的新引擎；D12 模式是数字技术生态的新场景；D12 模式是产业数字化的新业态；D12 模式是数字智能科研的新方向；D12 模式是价值投资传承创新的新领域；D12 模式是数字经济驱动全球化的新势力；D12 模式是产业链、供应链、价值链全球数字化的新模式；数字投资银行成为新物种；D12 模式是资本市场配置模式的新活力。

2.D12 模式的普适性——全行业、全世界

D12 模式一开始主要是针对上市公司产业数字化需求和进程而设计的，并且作为商业模式，我认为产业数字化最大的商业机会在以个人作为消费终端的行业，也就是所有基于 C 端消费者需要的产品和服务。通过大量的研究和实践，我发现 D12 模式具有非常强大的行业适应性，即普适性，适用于各行各业。

除了普适性之外，D12 模式有一个重要特征就是全球化。D12 模式是经济全球化的继续，但 D12 模式的全球化与工业经济时代资本经济驱动的全球化完全不一样。D12 模式是数字经济时代由数字经济驱动的全球化模式与秩序的重构，D12 模式的全球化在经济全球化、秩序化过程中驱动方式、产品、品牌、技术、投资、信息、数据等全球化，D12 模式的全球化在商业模式、盈利模式、交易模式、协同模式、价值观、分

配方式方面也和资本经济驱动的全球化完全不一样。

3. 超级速度——挑战百年老店

我在设计 D12 模式的时候，提出用 10—15 年使企业和产业全部完成 12 个模块。如果一个企业或者一个产业完成全部模块，那么这个企业或者产业将可能发展到数千亿元市值或者数万亿元市值，相当于用超级速度创建产业数字化世界级平台。在未来的 10—15 年之内，这个可能性是存在的。尤其需要说明的是，这种情况有可能出现在中国。

4. 缔造未来世界级企业——从公司到商业生态

D12 模式的主要功能就是在传统产业数字化之后创造世界级企业。数字经济时代产业数字化的一个重要特征是通过一系列产业和数字技术的深度融合，致力发掘传统产业的新价值。从我们用 D12 模式评价体系发掘出来的具有"双重价值叠加"的数字化价值投资企业来看，一些企业具备了这样的条件。

5. 价值投资理论创新——产业数字化价值投资理论

我们通过设计 D12 模式，从两个方面创新了价值投资理论。一个方面是我们创立了数字经济时代的价值投资理论，另一个方面是我们发现了"双重价值叠加"的价值创造和价值投资机会。

从以下五个方面确立的新价值投资理论：（1）价值投资的定义和内容；（2）工业经济时代的产物；（3）价值投资的另一面；（4）战略投资模式；（5）数字经济时代的价值投资。

附带对 D12 模式评价体系发掘出来的"上市公司数字化双重价值叠加 10 强"企业做出的评价。

6. 共同富裕分配模式——何需等待第三次分配

应该充分研究产业数字化的本质特征，创建有利于共同富裕的产业数字化分配机制。D12 模式就具备了这样的功能。

D12 模式中价值创造的核心是通过产业链、供应链之间的价值关系重构产业价值，将工业经济时代资本的驱动和配置关系与数字化链接，并重构价值关系，从而重新创建利益分配机制。（包含了三点说明）

7. 公司组织等三重组织叠加与融合重建数字经济时代产业形态

D12 模式所构建的公司组织、产业互联网组织、区块链组织的相互叠加与融合将满足产业数字化时代产业经营组织创新的需要，形成产业数字化时代中国乃至全球化的产业重组和整合形态，这个形态将彻底改变工业经济时代产业生存和发展运营的逻辑。

D12 模式的出现将会通过企业组织、互联网组织、区块链组织等多重商业组织的创新，创造出传统产业组织所不具备的优势，在推动中国产业数字化进程中，有可能重新改造全球产业生态，用产业数字化生态取代传统公司组织单一独大的产业生态。

第七部分 "数字春秋"三部曲

1. "数字春秋"三部曲

D12 模式延伸出来两个方向的创新。一个方向是把 D12 模式的核心逻辑发展成两种不同的应用模式：第一种是 D12 价值创造模式，这就是本书所介绍的主要内容；第二种就是以 D12 价值创造模式作为评价模型和标准，进一步研究出多种评价模型，从而发展成为企业和产业数字化价值投资评价体系，针对股票二级市场进行投资。另一个方向就是在数字中国的全域数字化领域展开产业数字化创新应用。

"基于数字智能的产业数字化价值创造模式""上市公司数字化价值投资评价体系""全域数字化"这三方面内容相互作用、相互促进，可以构成一个强大的数字经济创新体系，即"数字春秋"三部曲。

"数字中国"到底是什么呢？有可能是数字经济的一种终极形态，这种终极形态借助具有中国特色社会主义市场经济的国情，在全球范围创造出一种具有中国特色的数字化、智能化社会形态。我们姑且可以称之为"数字社会主义"。

这就是"数字春秋"三部曲的全部意义。

2. 上市公司数字化价值创造

产业数字化毫无疑问成为未来中国经济最大的增长空间。

从传统价值投资的另一面、关于产业数字化、上市公司产业数字化三部分，分析了通过全面战略管理体系来维系产业整合的成果，保障战略投资创造的价值。

3. 产业数字化引领的全域数字化

全域数字化是一个新概念，却代表了数字化的未来和方向。产业数字化引领的全域数字化有可能成为中国数字经济发展的主流范式。

全域数字化即覆盖行政区划的全地域，覆盖行政区划辖区内的所有领域，覆盖所有行业的数字化规划与建设、实施、运营。

全域数字化不是智慧城市，不是数字政务、电子商务、区块链、城市元宇宙，也不是工业互联网，而是创建包含以上所有内容，以区域为范围，链接全域所有人与人、人与物的万物互联数字化平台。（从八个方面论述了全域数字化的进程和难点）

4. "数字春秋"三部曲相互关系

从"基于数字智能的产业数字化价值创造模式"的全面推进，到D12模式延伸出来"上市公司数字化价值投资评价体系"以及"全域数字化"，已经形成了数字经济时代的三个创新模式。

D12模式在上市公司的全面应用也将彻底改变上市公司的经营模式。数字化和智能化带来的上市公司数字化价值投资的创新，不仅会重构传统上市公司价值投资体系，创造上市公司数字化价值投资评价体系和投资模式，还将影响资本市场内在结构的重建。